LA COCINA FAMILIAR

EN EL ESTADO DE

TLAXCALA

LA COCINA FAMILIAR

EN EL ESTADO DE

TLAXCALA

CONACULTA OCEANO

LA COCINA FAMILIAR
EN EL ESTADO DE TLAXCALA

Primera edición: 1988
Banco Nacional de Crédito Rural, S.N.C.
Realizada con la colaboración del Voluntariado Nacional
y de las Promotoras Voluntarias del Banco Nacional de
Crédito Rural, S.N.C.

Segunda edición: 2001
Editorial Océano de México, S.A. de C.V.

Producción:
Editorial Océano de México, S.A. de C.V.

© Consejo Nacional para la Cultura y las Artes

D.R. ©
Editorial Océano de México, S.A. de C.V.
Eugenio Sue 59
Col. Chapultepec Polanco, C.P. 11500
México, D.F.

ISBN
Océano: 970-651-477-5
               970-651-450-3 (Obra completa)
CONACULTA: 970-18-6209-0
               970-18-5544-2 (Obra completa)

Impreso y hecho en México.

LA COCINA FAMILIAR EN EL ESTADO DE

Tlaxcala

La Comida Familiar Mexicana fue un proyecto de 32 volúmenes que se gestó en la Unidad de Promoción Voluntaria del Banco de Crédito Rural entre 1985 y 1988. Sería imposible mencionar o agradecer aquí a todas las mujeres y hombres del país que contribuyeron con este programa, pero es necesario recordar por lo menos a dos: Patricia Buentello de Gamas y Guadalupe Pérez San Vicente. Esta última escribió en particular el volumen sobre la Ciudad de México como un ensayo teórico sobre la cocina mexicana. Los textos históricos y culinarios, que no las recetas recibidas, varias de ellas firmadas, fueron elaborados por un equipo profesional especialmente contratado para ello y que encabezó Roberto Suárez Argüello.

Posteriormente, hace ya más de seis años, BANRURAL traspasó los derechos de esta obra a favor de CONACULTA con el objeto de poder comercializar el remanente de libros de la primera edición, así como para que se hicieran nuevas ediciones de la misma. Esta ocasión llega ahora al unir esfuerzos CONACULTA con Editorial Océano. El proyecto actual está dirigido tanto a dotar a las bibliotecas públicas de este valioso material, como a su amplia comercialización a un costo accesible. Para ello se ha diseñado una nueva edición que por su carácter sobrio y sencillo ha debido prescindir de algunos anexos de la original, como el del calendario de los principales cultivos del campo mexicano. Se trata, sin duda, de un patrimonio cultural de generaciones que hoy entregamos a la presente al iniciarse el nuevo milenio.

LOS EDITORES

Tlaxcala es la entidad más pequeña de la república. Colinda con los estados de México, Puebla e Hidalgo. Sus características geográficas y sus recursos naturales son limitados y contrastantes. Si al norte cuenta aún con zonas boscosas, la mayor parte del territorio está actualmente erosionada. Algunos cronistas del siglo XVI, como Bernal Díaz del Castillo, mencionan ya que grandes extensiones de bosque fueron taladas para fabricar las naves y armamentos con los que fueron derrotados los mexicas en su zona lacustre.

Desde la época clásica y hasta la llegada de los españoles, el tlaxcalteca fue un territorio visitado por casi todas las grandes culturas antiguas de México: olmecas, toltecas y mexicas, sin descontar otros grupos, como el otomí y el huasteco. En el siglo XIV se constituyó con gran fuerza lo que se conoce como la Antigua República de Tlaxcallan, que contaba con cuatro señoríos. Era un Senado de cuatro miembros el que, tras deliberar, tomaba las principales decisiones en los asuntos que afectaban a la república.

Fueron los tlaxcaltecas grandes guerreros. Como tales, se defendieron invariablemente frente al Imperio Mexica que intentaba coartar su libertad de comercio hacia las costas. Fue a causa de ese bloqueo, precisamente, por el que tuvieron que sustituir algunos ingredientes culinarios básicos, como la sal y el azúcar, por otros locales. El tequesquite —mezcla de cloruro y carbonato de sodio— sustituyó a la primera y el aguamiel y los panales de abeja al segundo.

La grandeza de la República de Tlaxcallan tenía por base un altísimo concepto social. Se iniciaba éste en el seno de la familia, la que debía fundarse antes de los 22 años, y comprendía una serie de normas estrictas que más tarde se afirmaban en el Calmécac —escuela para nobles— o el Telpochcalli —escuela para plebeyos—. Los conocimientos eran avanzados e incluían astronomía, música, danza, literatura, medicina, escultura, teatro, arquitectura, pintura y cerámica. La lengua de los tlaxcaltecas era el náhuatl y fueron notables su elegancia y corrección al emplearla.

El aislamiento los convirtió, al cabo, en un pueblo aguerrido de agricultores imaginativos y cazadores expertos. El sistema agrícola era avanzado en cuanto a organización y producción. Se cultivaba maíz, frijol, chile, ayote, maguey, nopal. No había un centímetro capaz de producir algo, que se desaprovechase. El desperdicio no se permitía: lo que no servía para comer se convertía en combustible o vestido o calzado.

Se celebraba la fiesta principal para honrar a Camaztli, dios de la caza. Ese día había viandas suculentas, grandes platones con mixiotes de conejo, tamales verdes, de hongos, de guajolote, de miel de avispa; gusanos de maguey bañados en aguamiel, hormigas aladas sazonadas con chile molcajeteado; perros asados servidos con hierbas tiernas y quelites, codornices acompañadas de ensalada de calabaza, granos de maíz y salsa de chile rojo. Grandes jícaras con flores eran señal del señorío y fiesta; las vestimentas variaban, desde el rico manto de níveo algodón, dificilísimo de obtener —que utilizaban los nobles— hasta las burdas telas de fibra de maguey.

Enterado Cortés de la enemistad entre tlaxcaltecas y aztecas, envió emisarios a fin de que se le permitiera el paso por sus tierras. Por primera vez en un siglo, hubo discrepancias en el Senado. Se acordó hacer la guerra al español. En tres ocasiones se enfrentó el ejército de Cortés al hasta entonces invencible tlaxcalteca. Al fin, obligado por el Senado, Xicoténcatl hubo de rendirse al castellano.

Miserable de mí, miserable de mí.
¿Adónde he de volver los ojos?
¡Ojalá mis ojos se llenen de lágrimas
y broten tan amargas como el epazote
desde el fondo de mi corazón!

La unión de las huestes tlaxcaltecas con las de Cortés fue el catalizador para la derrota de México-Tenochtitlan. Consumada la conquista, se instituyó en Tlaxcala un Ayuntamiento integrado por indígenas principales y presidido por un funcionario español. Al poco se empezaron a formar ranchos y haciendas. El ganado se reproducía a pasos agigantados. Sin embargo, la población indígena vio reducir sus privilegios. Los caciques y algunos principales tlaxcaltecas, primero exentos del pago de impuestos, al paso de los años tuvieron que entregar cuotas de maíz y luego dinero.

La autoridad eclesiástica pronto tuvo una amplia intervención en la vida pública. El primer obispo fue el dominico Julián Garcés. Llegó a Tlaxcala en 1527 y ese mismo año consagró a fray Juan de Zumárraga como obispo de México. En Tlaxcala, religiosos e indígenas construyeron verdaderas joyas arquitectónicas, aunque de algunas sólo queden vestigios. El convento e iglesia de la Asunción está considerado como el primero de la América continental; en el de Atlihuetzia, que se dice fue trazado por Cortés desde 1523, se encuentra la primera campana que se fundió en América; y son notables muchos más, como el de Topoyanco, el de Huamantla, el de Hueyotlipan, el de Chiautempan, el de Calpalpan, etc.

Quizá fue en estos conventos donde se dieron las primeras muestras de un magnífico mestizaje culinario. De monjas fue la creación, con yemas, de los más deliciosos dulces de frutas. Nances, xoxotl y huexote, agregados de nueces y almendras, bañados en miel de abeja y revolcados en piñón molido. ¿Qué decir de los hongos xoletes? Ejemplar unión del nativo hongo de la estación y chile, con las cebollas y papas fritas, sin faltar un dejito de ajo en el sofrito. Luego los tamales de maíz verde con la manteca bien batida o el mole de epazote para cubrir con delicia al guajolote, al borrego; el huaxmole con su chipotle, jitomate, semilla de guaje y epazote molcajeteado, para servirse con las carnitas del puerco bien fritas en inmensas ollas rebosantes de manteca. La fruta deja de ser adorno del árbol, se convierte en agua fresca, en dulce de mermelada o jalea, en licor espiritual; el capulín y el nance mejoran su aspecto para Navidad. Se visten de gala, entre flores, al centro de enormes mesas cubiertas de lino deshilado.

Pero vino luego una era aciaga. En 1691, a causa de las heladas, hubo cosechas tan cortas que los indios morían de hambre. En 1694 una epidemia diezmó a la población. En 1697 el hambre apareció de nuevo.

Tlaxcala empezó a decaer. El auge de la provincia de Puebla enseñó el camino de la emigración; muchos trabajadores acudieron a trabajar también a las obras del desagüe del Valle de México, donde no pocos acabaron sus días. Asaltos constantes y bandas de ladrones asolaban la tierra tlaxcalteca. Los caminos eran inseguros. Como si no fuese bastante, en 1717 una plaga de langostas exterminó las cosechas. En 1737, el matlazahuatl ocasionó tantas víctimas que es posible que hayan pasado de cincuenta mil. A 1786 se le conoció como el año del hambre. Faltaron los cereales y otros artículos de primera necesidad. Sólo la dignidad y su reciedumbre sostenían a aquella población, porque el azote del hambre se ensañó en el territorio como en pocas zonas del país.

Fue al consumarse la Independencia, cuando Tlaxcala –unido a la causa republicana– vio cómo sus tierras volvían a florecer lenta, muy lentamente. Pies de cría fueron llevados a las antiguas haciendas ganaderas. Las cabras se adaptaron en forma admirable, obteniendo alimentos casi de la nada. En las cocinas aparecieron los quesos, los embutidos, las cremas y mantequillas. Los cerdos podían escarbar y devorar cualquier cosa; engordaban con olotes, con raíces y se convertían en tamal, en jamón, en trocitos o tiritas bañados de salsas de chile rojo o verde. Los dulces de miel de avispa resurgieron. Las tortillas, primero pequeñitas y delgadas, se doblaron luego y se rellenaron como alimento principal; más tarde se convirtieron en acompañamiento del potaje y del guiso.

En 1847, durante la intervención norteamericana, los patriotas lucharon bajo las órdenes del coronel Felipe Santiago Xicoténcatl. Los invasores fueron rechazados en Huamantla. A estos hechos siguieron las profundas diferencias entre liberales y conservadores, que dieron lugar a la formación de guerrillas. Pero el 26 de noviembre de 1856, durante las sesiones del Congreso Constituyente, Tlaxcala fue erigido como Estado Libre y Soberano de la República.

En mayo de 1863, durante la intervención francesa, Tlaxcala fue declarado en estado de sitio. Dio inicio un nuevo periodo de batallas. A la postre, mientras las fuerzas invasoras se retiraban, y tras diversos y difíciles intentos, se recuperó la capital del estado el 10 de enero de 1867. Reinstalados los poderes, se promulgó la Constitución local de 1868 a la que se añadieron los preceptos de las Leyes de Reforma. Pese a los años de lucha, Tlaxcala había restañado sus heridas coloniales. Las jícaras tenían agua, pulque, flores. Los jarros se habían cambiado por copas, los petates por camas. El ganado era bravo. En la tierra germinaba el maíz, la calabaza, el chile y el nopal.

En Tecoac se libró, años después, la batalla decisiva entre lerdistas y porfiristas. Al lado del triunfador, general Porfirio Díaz, luchó el coronel Próspero Cahuantzi, quien fue gobernador del estado desde el 15 de enero de 1885 hasta la caída del régimen porfirista en 1911. En esa época se estimuló la enseñanza y la industrialización –Tlaxcala era la entidad con mayor número de fábricas de hilados, vidrio y loza–, progresó el comercio, los robos eran rarísimos y –lo señala un documento del tiempo– la entidad era digna de visitarse por "...sus obras de arte arquitectónico, por las buenas costumbres de sus habitantes, por la benignidad de su clima, y por los elementos naturales que tiene para su progreso".

Sin embargo, tras la aparente prosperidad estaba el miedo a los rurales, la explotación del trabajo de obreros y campesinos, las largas jornadas y las tiendas de raya. Y así, antes que ningún otro en el país, el 26 de abril de 1910, un grupo de tlaxcaltecas tomó las armas y se lanzó a la Revolución.

En tanto, siguiendo el curso de la historia, Tlaxcala había llegado ya al boato culinario. Quizá había rebasado su propia imaginación. Las haciendas reconstruyeron sus portones, sus capillas, sus retablos y sus mesas.

Las cocineras añadieron los pastelillos, las cremas batidas, los ponches, los panes de dulce, en un arco iris de colores, sabores y formas. El cristal cortado, en forma de copa, de candil, de taza; la plata en candelabro, en platón, en tetera; el cobre en cazuela, en sartén, en cucharón ¡Qué placer a la vista, al olfato, al tacto, al oído, al paladar! El puerco se emborracha de salsa, la barbacoa surge del carnero, o borrego en mixiote; el pan se labra; los cacahuates y las nueces se garapiñan; la sopa se transforma en puchero; el pulque se diversifica en curados de membrillo, apio, alfalfa, tuna, almendra; llegan la carpa y la mojarra a guisarse en soufflé con queso y papa; los chiles se desvenan, se despepitan, se envinan, se dulcifican. Los gusanos de maguey se capean, se fríen y son presentados como aperitivo, a la par que la flor del colorín.

En cuatro secciones se abre este recetario de la buena cocina tlaxcalteca. En la primera, dedicada a los **Antojitos**, los ingredientes locales se exhiben con verdadero deleite, igual en unos sencillos tamales que en unos tacos de "toritos". Las **Sopas, pucheros y verduras** forman el segundo apartado. Destaca el aprovechamiento de los alimentos básicos y la imaginación de algunas recetas; valga señalar, por ejemplo, la sopa de hojas de malva y flor de calabaza.

La tercera sección es la de **Pescados, aves y carnes**; no podía faltar en ella, por supuesto, la fórmula de una buena barbacoa en mixiote. En la cuarta –la de **Galletas, panes y postres**–, el paladar puede saborear la sola lectura. ¿Quién puede quedarse indiferente ante unas empanadas de membrillo, un dulce de capulín o la promesa de unos chayotes rellenos o de unos muéganos deleitosos y crujidores?

Gran verdad es la que afirma que comer y cocinar encierran partes sustanciales de nosotros mismos; actividades son que condensan nuestra manera de ser, producto de una conducta colectiva que constantemente se depura y que se ha exigido, a sí misma, esfuerzo y disciplina. Son cultura viva y actualización de nuestra historia.

Antojitos

ANTOJITOS

Una sola receta para hacer tamales se ofrece en este apartado, pero resulta a la vez original y sencilla. Es cierto que hay maíz negro, colorado y de varios colores, mas el "maíz verde" de que se trata en esta ocasión se obtiene de los tomates con que se confecciona la masa. El tequesquite local no falta y agrega su punto saladito y terroso a los tamales. También llevan tequesquite la masa de las gorditas con carne de puerco y los riquísimos y humildes tlacoyos, que emplean chiles anchos desvenados y chipotles hervidos para el picor. Las quesadillas de flor de calabaza no escatiman el epazote tierno, y las enchiladas verdes, a base de chile poblano, los tomatitos indispensables para el color y el sabor.

De tacos, lo novedoso está quizá en los de zivicos, esto es, las semillas de la vaina que se da entre las plantas de huizcolote, acompañados de chile guajillo, aguacate y, una vez más, tomate verde. Novedosas para el fuereño resultan las tlatlapas de frijol amarillo, chile chipotle y nopalachitles, o sea, los corazones de las pencas grandes del nopal, tan abundante en las vastas zonas semidesérticas de Tlaxcala. Producto del maguey, en cambio, es el quiote, su tallo floral, que le nace alto y del centro, cuando no se le extrae el aguamiel. Una forma común de tomar el quiote es con huevos, como explica la receta del caso.

Los "envueltos de Nana Rosa" son tortillas ligeramente fritas que se rellenan con carne de res y se cubren, en singularísima comunión de Oriente y Mesoamérica, con almendras, piñones, pasitas y chiles verdes finamente picados. Quizá alguna migración dejó en Tlaxcala el exquisito recuerdo de golosinas árabes que, ahora –maravilla de la integradora cocina mexicana y el paladar mestizo– sustanciosamente se transforman, acompañadas de ingredientes autóctonos.

Un dejo de mar llega al páramo tlaxcalteca, lejano de las costas y ayuno de lagunas, en un par de recetas que aprovechan la enlatada sardina. Alimento de los humildes, se logra realzar aquí con la tortilla, el frijol y el chile indígenas, en forma de mexicanas chalupas, o de tortillas de huevos a la española.

La gema de los antojitos que se ofrecen bien podría estar representada por los chiles pasillas tlaxcaltecas, que se sirven en frío, acitronados con aceite de oliva, cebolla, ajo y piloncillo, en una especie de escabeche mestizo de gran carácter. También a base de chiles son los "envueltos de chile poblano" que llevan tortilla y flor de calabaza.

Con saborear y aprovechar tres sabrosos y nutritivos insectos se cierra este apartado de la antojería tlaxcalteca: los gusanos de maguey, los escamoles y los toritos. Destaca, por novedosa y sutil, la receta para preparar los escamoles –hueva de hormiga– a base de mantequilla, chiles y epazote. De los escamoles, tan codiciados, cabe recordar "que lo que se come no son los huevos sino las larvas y las pupas que cuando están frescas presentan un color blanco cremoso".

Agua de las verdes matas,
tú me tumbas, tú me matas,
y me haces andar a gatas.

Al nopal, planta como ninguna, se le vé nomás cuando tiene tuna

Tamales de maíz verde

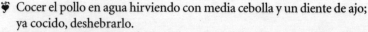

1	pollo
1 k	harina de maíz
1/2 k	manteca de cerdo
1/2 k	tomates verdes
6	chiles serranos verdes
2	dientes de ajo
1	cebolla
1	ramita de cilantro
1	taza de agua con tequesquite y hojas de tomate verde
·	hojas de maíz (totomoztle)

- Cocer el pollo en agua hirviendo con media cebolla y un diente de ajo; ya cocido, deshebrarlo.
- Hervir los tomates diez minutos, escurrirlos y molerlos con cilantro, chile, media cebolla y un ajo.
- Freír todo en manteca y agregar un poco del agua en que se cocieron los tomates y un poco de caldo de pollo.
- Sazonar con sal; agregar la carne y dejar espesar.
- Batir la manteca hasta que acreme, añadir la harina, el agua de tequesquite con tomate y el caldo de pollo (el necesario para formar una pasta suave).
- Remojar las hojas de maíz en agua fría, lavarlas y escurrirlas. Colocar en el centro de cada hoja una cucharada de masa y una de salsa, envolver y doblar a la mitad.
- Acomodar los tamales en una vaporera y cocerlos a baño María durante una hora (cuando el tamal se desprende de la hoja al desenvolverlo, significa que ya está cocido).
- Rinde 25 a 30 raciones.

Receta de Ma. del Pilar Hernández

Gorditas

300 g	tomates verdes
250 g	carnitas de cerdo
250 g	masa de maíz
1/8	litro de crema
2	dientes de ajo
1	cebolla
1	chile serrano asado
1	cucharada de cilantro picado
1	cucharadita de manteca
·	sal, al gusto

- Mezclar la masa con las carnitas de cerdo finamente picadas, sal y, si es necesario, un poco de agua.
- Preparar las gorditas y cocerlas en el comal; hacerles un corte lateral y rellenarlas.
- Rinde 6 raciones.

Salsa
- Moler los tomates con ajo, cebolla y chile serrano.
- Freír en manteca; hervir hasta que se espese y agregar el cilantro; dejar que dé un hervor y retirar.
- Rellenar las gorditas con la salsa y un poco de crema.

Receta de Mariana Balanzario

Tlatlapas

200 g	frijol amarillo
10	nopalachitles cocidos
3	chiles chipotle
2	litros de agua
2	ramas de epazote
·	sal, al gusto

- Tostar el frijol, molerlo con el chipotle y cocerlo con agua y sal.
- Al espesar, agregar el epazote y los nopalachitles.
- Dejar sazonar y servir.
- Rinde 8 raciones.

Receta de Enrique Rivera

Tlacoyos tlaxcaltecas

1 k	masa de maíz
3	tazas de habas
2	chiles anchos desvenados, tostados y remojados
2	chiles chipotles hervidos
2	hojas de aguacate
1 1/2	litro de agua con tequesquite
·	manteca
·	sal, al gusto

- Hervir las habas con cáscara en agua de tequesquite.
- Molerlas con los chiles anchos, chipotle, hojas de aguacate y sal. Freír esta mezcla en manteca.
- Revolver bien la masa de maíz; preparar los tlacoyos y rellenarlos con suficiente mezcla de haba; darles forma de triángulo.
- Cocerlos en el comal y servirlos calientes.
- Rinde 12 raciones.

Receta de Gloria Rivera Fabre

Quesadillas de flor de calabaza

1 k	de masa
1/2 k	jitomate
3	cebollas grandes
3	dientes de ajo
3	rollos de flor de calabaza
1	manojo de epazote tierno
·	manteca
·	sal

- Mezclar la masa con un poco de agua con sal y manteca; dejar reposar. Quitar el centro a las flores de calabaza, lavarlas y deshebrarlas.
- Picar el epazote junto con cebolla, ajo y jitomate.
- Colocar dos cucharadas de manteca en una sartén, incorporar el recaudo; añadir la flor de calabaza, epazote y sal.
- Calentar el comal con un poco de manteca y cocer las tortillas.
- Antes de darles vuelta, colocarles en el centro una cucharada de flor de calabaza preparada, doblarla a la mitad y presionar la orilla para cerrar la quesadilla.
- Rinde 12 raciones.

Receta de Ma. del Pilar Hernández Escalona

Enchiladas verdes

24	tortillas
1/2 k	tomates verdes
1/4 k	lomo de puerco cocido
75 g	queso añejo rallado
50 g	queso crema
1/2	litro de crema ácida
3	chiles poblanos
2	cucharadas de cebolla picada
1	huevo
·	aceite
·	hojas de lechuga
·	rabanitos

- Los chiles asados y limpios se muelen con los tomates cocidos, el huevo y la crema.
- Sumergir las tortillas en esta salsa y luego freírlas; rellenarlas con el lomo finamente picado y mezclado con cebolla y queso crema.
- Enrollarlas y acomodarlas en un platón, espolvorear el queso y adornar con rabanitos y lechuga.
- Rinde 8 raciones.

Receta de Guadalupe Rodríguez M.

Taquitos de crema

18	*tortillas chicas*
400 g	*jitomate asado*
100 g	*queso rallado*
50 g	*mantequilla*
1/4	*litro de crema*
3	*chiles poblanos asados y en rajas*
1	*trozo de cebolla*
·	*aceite*
·	*sal, al gusto*

- En dos cucharadas de aceite freír el jitomate molido con cebolla. Agregar las rajas de chile, sazonar con sal y dejar espesar la salsa.
- Freír ligeramente las tortillas y rellenarlas con la salsa; hacerlas taquitos y colocarlos en un platón refractario extendido.
- Añadirles crema, queso rallado y trocitos de mantequilla. Meterlos al horno a que el queso gratine.
- Rinde 6 raciones.

Receta de Guadalupe Rodríguez

Tacos de zivicos

18	*tortillas calientes*
2	*tazas de zivicos*
250 g	*tomates verdes asados*
200 g	*queso*
3	*aguacates*
3	*chiles guajillos*
2	*dientes de ajo*
1	*cucharada de cilantro picado*
·	*sal, al gusto*

- Lavar y escurrir los zivicos.
- Rellenar las tortillas con un poco de zivicos, una rebanada de queso, una de aguacate y un poco de salsa. Formar los tacos.
- Para preparar la salsa se deben moler los tomates con los chiles, dientes de ajo y sal; agregar cilantro picado.
- Rinde 6 raciones.

Receta de Maricela González

Quiotes con huevo

2	*tazas de tiritas de quiote*
200 g	*tomates verdes asados*
1 1/2	*cucharadas de manteca*
1	*cucharada de harina*
1/2	*cucharadita de tequesquite*
5	*chiles pasillas tostados*
2	*dientes de ajo*
2	*huevos ligeramente batidos*
·	*sal, al gusto*

- Quitar las tiritas que rodean a las flores y ponerlas a cocer en agua con sal y tequesquite.
- Escurrirlas y freírlas en manteca; agregar la harina, cuando dore, añadir los huevos.
- Una vez cocidos los huevos, retirar del fuego; acompañar con salsa.
- Para preparar la salsa se debe tostar y remojar los chiles; molerlos con los tomates y ajos y sazonar con sal.
- Rinde 6 raciones.

Receta de Ignacio Segura

Tortilla de huevo con sardina

6	huevos
1	cucharada de perejil
1	lata de sardinas
·	mantequilla
·	queso
·	sal y pimienta

❦ Batir los huevos enteros con sal, pimienta y perejil finamente picado.
❦ Verter en una sartén caliente con mantequilla; cuando cuajan, retirar de la lumbre y añadir las sardinas.
❦ Envolver la tortilla en forma de omelette, colocarlo en un platón y adornar con queso y perejil al gusto.
❦ Rinde 6 raciones.

Receta de Irma Flores

Chalupas de sardina

12	chalupas fritas en aceite
1	jitomate
1	lata de sardinas
1	taza de frijoles molidos
·	aceite
·	chiles chipotle en vinagre
·	queso rallado

❦ Freír el jitomate (molido con dos dientes de ajo y media cebolla); al resecar, añadir los frijoles y un poco de vinagre de los chiles chipotle.
❦ Servir la preparación anterior sobre las chalupas, agregar las sardinas desmenuzadas con rajitas de chile chipotle y espolvorear el queso.
❦ Rinde 6 raciones.

Receta de Beatriz Enríquez

Empanadas de cazón

1 k	masa para tortillas
300 g	jitomate cocido
250 g	cazón
10	hojas de epazote
2	cebollas
·	aceite

❦ Cocer el cazón con una cebolla y seis hojas de epazote.
❦ Freír la cebolla picada, cuatro hojas de epazote y jitomate molido; al espesar, agregar el cazón sin piel y desmenuzado.
❦ Retirar cuando se forme una pasta.
❦ Preparar las empanadas con la masa; rellenarlas con la pasta del cazón y freírlas en aceite caliente.
❦ Rinde 6 raciones.

Receta de Ana María Tena

Escamoles a la mantequilla

100 g	escamoles (hueva de hormiga)
50 g	mantequilla
2	ramitas de epazote
1	cebolla chica
·	chiles serranos
·	sal, al gusto

❦ Lavar bien los escamoles y retirar las hormigas que puedan tener.
❦ Escurrir y freír en mantequilla caliente, junto con cebolla, chiles serranos y epazote, finamente picados; agregar sal.
❦ Servirlos calientes, acompañados de tortillas y salsa.
❦ Rinde 6 raciones.

Receta de Araceli Jofre

Envueltos de Nana Rosa

24	tortillas frescas
1/2 k	carne de res
100 g	jamón en trocitos
25 g	almendras peladas y picadas
25 g	pasitas
25 g	piñones
16	aceitunas
6	huevos
5	chiles verdes picados
1	cebolla en rebanadas delgadas
·	mantequilla o aceite
·	sal, al gusto

❦ Freír las tortillas en mantequilla o aceite (evitar que se tuesten).
❦ Levantarles una capita y rellenarlas con la carne frita, huevos y sal.
❦ Encima ponerles rebanadas de cebolla, chiles verdes, aceitunas, almendras, pasitas, piñones y jamón.
❦ Rinde 8 raciones.

Receta de Irma Flores

Chiles pasilla tlaxcaltecas

12	chiles pasilla
1/2 k	piloncillo
1/2 k	queso tipo manchego
1/2	litro de agua
7	ajos
5	cebollas rebanadas
5	cucharadas de aceite de oliva

❦ Calentar el aceite de oliva en una olla. Sofreír los ajos enteros y pelados, sin dorarlos. Añadir las cebollas rebanadas y dejarlas transparentar. Agregar agua y piloncillo para elaborar miel espesa.
❦ Limpiar y desvenar los chiles, sin quitarles los rabitos; abrirlos de un solo lado y enjuagarlos (eliminar las semillas).
❦ Rellenarlos con una rajita de queso y hervirlos en la miel hasta que se suavicen.
❦ Acomodarlos en un platón; bañarlos con la miel sobrante, cebolla y ajos. Refrigerar.
❦ Servirlos con arroz blanco.
❦ Rinde 6 raciones.

Receta de María Rosa L. de Marcué

Envueltos de chile poblano

18	tortillas
8	chiles poblanos asados y limpios
3	cucharadas de cebolla picada
3	dientes de ajo
3	jitomates grandes asados
1	aguacate
1	chile poblano asado y en rajas
1	manojo de flores de calabaza
·	aceite
·	queso rallado

❦ Moler los chiles, jitomates y un diente de ajo con un poco de agua; freír este caldillo.
❦ Pasar las tortillas por aceite caliente y bañarlas con el caldillo; rellenarlas con las flores de calabaza guisadas con dos dientes de ajo y cebolla picados; envolverlas.
❦ Acomodarlas en un platón, verter encima la salsa que sobró, queso rallado, tiras de aguacate y el chile poblano en rajas.
❦ Rinde 6 raciones.

Receta de Micaela Martínez

Tacos de gusanos de maguey

1/2 k   gusanos de maguey
24   tortillas

•   Salsa borracha
6   chiles pasilla
1   taza de pulque blanco
1/2   taza de queso añejo
1   cucharada de cebolla picada
1   cucharadita de aceite
1   diente de ajo
·   sal, al gusto

❦ Lavar bien los gusanos de maguey y asarlos en un comal previamente calentado.
❦ Tostar los chiles, desvenarlos y remojarlos en agua caliente.
❦ Molerlos con ajo y aceite; agregar la cebolla y el pulque; por último, añadir el queso desmoronado y sal.
❦ Rellenar los taquitos con los gusanos asados y salsa al gusto. Servir inmediatamente.
❦ Rinde 12 raciones.

Receta de Pilar Hernández Escalona

Tacos de toritos

18   tortillas calientes
250 g   tomates verdes asados
50 g   manteca
2   tazas de toritos
3   chiles guajillos
3   dientes de ajo
·   sal, al gusto

❦ Lavar bien los toritos y escurrirlos; freírlos en manteca y sazonarlos con sal al gusto.
❦ Rellenar las tortillas con un poco de toritos y de salsa y enrollarlas.
❦ Para preparar la salsa se deben moler chiles, tomates, ajo y sal.
❦ Rinde 6 raciones.

Receta de Maricela González

Sopas, Pucheros y Verduras

Tlaxcala es una entidad pequeña y de recursos limitados, lo que seguramente explica que su aprovechamiento de los alimentos básicos sea intensivo. Varias de las recetas de este apartado son sencillas y utilizan en su preparación humildes ingredientes, aunque no por ello dejan de ser apetitosas. Tal es el caso, por ejemplo, de la sopa de migas, de pan blanco, que sin duda hermana a la agreste Tlaxcala con su homóloga de España, la Mancha.

Cebolla, frijoles bayos y jitomates sin duda componen una sopa mexicana modesta, antojadiza con sus trocitos de chicharrón. Viene luego el turno de la col y de los nabos para hacer un par de sopas sustanciosas. Siguen las zanahorias como base de la "sopa solferina", de colorido y bello nombre. Menos ligeras algunas, otras más nutritivas, por su empleo de caldos de puerco y pollo, mantequilla y legumbres, son las recetas que se presentan a continuación. Mexicanísima e imaginativa es la que emplea hojas de malva, flor de calabaza y calabacitas tiernas.

Para terminar la sección, se ofrece el secreto de tres sopas lugareñas con base animal: la de acelgas y sesos, el conocido chileatole que se acerca al puchero tradicional, y el "platillo tlaxcalteca", el cual bien podría ser la versión local del mencionado puchero.

Por lo que se refiere a las recetas de verduras, que se agregan como colofón de este apartado, destacan probablemente la riquísima torta de haba y la de coliflor. Papas, calabacitas y chícharos configuran el resto, sea en platillos combinados, como el de la macedonia de verduras, o en forma individual.

Al que no quiere caldo, taza y media

Migas

125 g	pan blanco
2	litros de caldo
2	cebollas en rebanadas delgadas
2	ramas de epazote
1	cucharada de manteca
·	venas de chile loco o chile rayado de Tlaxcala
·	sal, al gusto

❦ Remojar el pan en dos litros de caldo y sazonar con sal.
❦ Freír las cebollas en manteca; cuando estén transparentes, agregar el pan y el caldo en que se remojó, el epazote y las venas de chile.
❦ Dejar hervir y sazonar; servir enseguida.
❦ Rinde 6 raciones.

Receta de Lourdes González

Sopa mexicana

250 g	jitomate molido y colado
2	tazas de caldo de frijol
1	taza de frijoles bayos
1	cebolla finamente picada
·	aceite
·	chicharrón en trocitos
·	queso rallado
·	sal y pimienta, al gusto

❦ Acitronar la cebolla, añadir el jitomate; al resecar, agregar el caldo y los frijoles (cocidos y molidos), sazonar con sal y pimienta.
❦ Servir con chicharrón y queso.
❦ Rinde 8 raciones.

Receta de Carlos Juárez Cruz

Sopa de col

1	litro de leche
1/2	litro de caldo
1 1/2	taza de col rebanada y cocida
4	cucharadas de pan molido
2	cucharadas de cebolla picada
2	yemas de huevo cocido
1/2	barrita de mantequilla
·	aceite
·	sal y pimienta, al gusto

❦ Freír la cebolla con el pan molido; añadir la col, el caldo y la leche con las yemas disueltas; sazonar con sal y pimienta.
❦ Al servir, agregar la mantequilla.
❦ Rinde 6 raciones.

Receta de Blanca E. Cerón

Sopa solferina

8	zanahorias peladas y picadas
50 g	mantequilla
1 1/2	litros de caldo
2	dientes de ajo
1	jitomate
1/2	cebolla
·	sal y pimienta, al gusto

❦ Freír las zanahorias en mantequilla, a fuego suave.
❦ Agregar el jitomate molido con dos dientes de ajo y media cebolla y colado; al resecar, añadir el caldo; sazonar con sal y pimienta.
❦ Dejar hervir hasta que se cuezan las zanahorias.
❦ Servir con pan frito.
❦ Rinde 6 raciones.

Receta de Olivia Novoa

Tlaxcala

Sopa de col y nabo

3	nabos picados
1	taza de col finamente picada
1 1/2	litros de caldo
1/3	barrita de mantequilla
1	cucharada de harina
1	ramita de apio
·	sal y pimienta, al gusto
·	perejil finamente picado

☙ Dorar la harina en aceite, agregar la col y los nabos, el caldo y la rama de apio; dejar hervir.

☙ Retirar y sazonar con sal y pimienta.

☙ Añadir el perejil al momento de servir.

☙ Rinde 6 raciones.

Receta de Enrique Rivera

Sopa de tortilla ranchera

10	tortillas rebanadas en tiras
1/2 k	carne de puerco cocida y deshebrada
300 g	jitomate cocido
1	ajo
1	cebolla
·	aceite
·	chiles serranos asados
·	mantequilla
·	queso rallado

☙ Freír las tortillas hasta que se suavicen.

☙ Dorar la carne en aceite. Moler el jitomate con los chiles, ajo y cebolla; freír y sazonar.

☙ En un recipiente refractario engrasado con mantequilla, colocar capas de tortillas, carne, salsa, queso y trocitos de mantequilla (la última capa debe ser de queso).

☙ Gratinar en el horno; servir con rodajas de cebolla y aguacate.

☙ Rinde 6 raciones.

Receta de Martha Alfonso

Sopa de hojas de malva y flor de calabaza

250 g	tomates verdes cocidos
50 g	mantequilla
2	litros de caldo
2	tazas de flores de calabaza
1	taza de hojas de malva picadas
1	cucharada de cilantro picado
1	cucharada de manteca
6	calabacitas picadas
4	dientes de ajo asados
2	chiles serranos
1	cebolla
1	jitomate
·	sal, al gusto

☙ Freír en manteca las hojas de malva picadas, las flores de calabaza (sin tallos ni centros, lavadas y picadas) y las calabacitas; agregar el jitomate (asado y molido con una cebolla y dos dientes de ajo); dejar resecar.

☙ Añadir el caldo y sazonar con sal. Dejar hervir hasta que todo se cueza bien y servir con salsa verde.

☙ Para preparar la salsa se deben moler los tomates junto con los chiles serranos, los dientes de ajo y el cilantro; sazonar con sal.

☙ Rinde 8 raciones.

Receta de Leonor García Cuesta

Crema de poro y papa

1/2 k	papas peladas y cortadas
2	litros de caldo de pollo
1/2	litro de crema
3	poros rebanados
1	cebolla rebanada
1/2	barrita de mantequilla
·	sal, pimienta y perejil picado

❦ Freír en mantequilla los poros y la cebolla; agregar las papas y el caldo; sazonar con sal y pimienta.

❦ Dejar cocer hasta que las papas se desbaraten y colar.

❦ Al servir, añadir la crema (no dejar que hierva) y el perejil.

❦ Rinde 8 raciones.

Receta de Ignacio Segura

Sopa nutritiva

1 1/2	taza de caldo de las alubias
1	taza de alubias (en puré)
1/2	taza de garbanzos cocidos
2	dientes de ajo
2	papas cocidas
1	jitomate
1/2	cebolla
·	aceite
·	jamón y tocino fritos y picados
·	sal y pimienta, al gusto

❦ Freír el jitomate molido con dos dientes de ajo y media cebolla; colarlo.

❦ Agregar el tocino y el jamón (fritos y picados) y el puré de alubias, revolver.

❦ Añadir el caldo y dejar hervir con las papas (picadas en cuadritos) y los garbanzos. Sazonar con sal y pimienta.

❦ Rinde 6 raciones.

Receta de Héctor Álvarez

Sopa de acelgas y sesos

1	pieza de sesos cocidos
50g	queso rallado
1 1/2	litros de caldo
2	jitomates
1	taza de acelgas cocidas
1/2	vaso de vino tinto
·	aceite
·	ajos y cebollas
·	harina
·	pan frito y queso rallado
·	pimienta

❦ Preparar una pasta con los sesos y las acelgas molidos, el queso y la pimienta; formar unas bolitas con esta mezcla, revolcarlas en harina y freírlas.

❦ Moler los jitomates con ajo y cebolla, colar y freír; agregar el caldo y el vino, sazonar con sal y pimienta.

❦ Colocar las bolitas de acelgas y sesos en una sopera; añadir el caldo y servir con pan frito y queso rallado.

❦ Rinde 6 raciones.

Receta de Julio Díaz C.

Chileatole

2	pechugas de pollo
1/2 k	pulpa de cerdo
12	elotes tiernos desgranados
2	litros de agua
2	tazas de cilantro
2	tazas de tomate verde
3	limones partidos a la mitad
2	chiles serranos verdes
2	dientes de ajo
1	cebolla chica
1	lechuga orejona
·	sal, al gusto

- ❦ Cocer la carne con los granos de elote, ajo, cebolla y sal; deshebrarla.
- ❦ Moler la cebolla y los ajos con lechuga, tomates, cilantro y los chiles.
- ❦ Freír todo en un poco de aceite, sazonar con sal y agregar el caldo en que se coció la carne.
- ❦ Dejar hervir veinte minutos más para que tome color (debe quedar caldoso). Agregar unas gotas de jugo de limón.
- ❦ Rinde 6 raciones.

Receta de Gloria Rivera Fabre

Platillo tlaxcalteca

1/2 k	tomates verdes
300 g	lomo de puerco cocido (reservar el caldo)
250 g	chícharos
250 g	habas verdes
5	calabacitas
4	chiles serranos
3	cucharadas de aceite
2	dientes de ajo
1	patita de puerco cocida
1	rama de cilantro
1	rama de epazote
1	trozo de cebolla
·	sal, al gusto

- ❦ Moler los chiles y los tomates en crudo, junto con ajo y cebolla.
- ❦ Freír en aceite caliente y dejar sazonar; agregar dos tazas del caldo de la carne, sal, la carne y la patita (cortadas en pedazos).
- ❦ Hervir y agregar el cilantro y el epazote (molidos), las calabacitas, habas y chícharos previamente cocidos.
- ❦ Dar un hervor y servir.
- ❦ Rinde 6 raciones.

Receta de Olivia Novoa

Torta de haba

1/4 k	haba remojada
1/4	taza de chícharos cocidos
4	calabacitas cocidas y picadas
2	huevos
1	jitomate molido
1	jitomate picado
1/2	cebolla picada
·	aceite
·	sal, al gusto

- ❦ Cocer las habas, escurrir y moler; agregar los dos huevos y sal.
- ❦ Freír la cebolla y jitomate, añadir las verduras y dejar resecar.
- ❦ Colocar la mitad de la pasta de haba, el relleno de verduras y otra capa de pasta de habas en un molde egrasado. Cocer en el horno.
- ❦ Preparar salsa con el jitomate, ajo y cebolla molidos y fritos en un poco de aceite; colar.
- ❦ Servir la torta con esta salsa.
- ❦ Rinde 6 raciones.

Receta de Mariana Balanzario

Hongos xoletes

1 k	hongos
2	tazas de agua
1	taza de chícharos
1	cucharada de manteca o aceite
2	chiles chipotle
2	chiles poblanos en rajas
2	dientes de ajo
2	papas
1	cebolla grande
1	rama de epazote
·	sal

- 🌢 Lavar perfectamente los hongos. Cocerlos en agua hirviendo; agregar ajo, papas picadas, chícharos y rajas.
- 🌢 Freír la cebolla en rebanadas y los chiles chipotle abiertos.
- 🌢 Incorporar los hongos con el caldo, la verdura y sal.
- 🌢 Dejar hervir hasta que se deshagan las papas.
- 🌢 Al final, añadir la rama de epazote.
- 🌢 Rinde 6 raciones.

Receta de Gloria Rivera F.

Macedonia de verduras

2	tazas de verduras cocidas y picadas
1	taza de leche
1/3	taza de leche
3	huevos
2	cucharadas de harina
·	aceite
·	margarina
·	pan molido
·	pimienta y nuez moscada
·	sal, al gusto

- 🌢 Freír la harina en margarina, agregar la leche y media taza de pan molido para formar un puré; sazonar con sal, pimienta y nuez moscada.
- 🌢 Añadir las verduras sin retirar de la lumbre y revolver constantemente; agregar dos huevos (debe quedar una pasta manejable).
- 🌢 Formar unas croquetas que se pasan por el huevo batido restante y pan molido. Freírlas y servirlas con limón.
- 🌢 Rinde 6 raciones.

Receta de Guadalupe Rodríguez M.

Chícharos con crema

600 g	chícharos limpios y cocidos
50 g	queso rallado
1/2	taza de puré de jitomate
8	cucharadas de aceite
3	cucharadas de crema
2	cucharadas de harina
1	cucharada de cebolla picada
5	huevos
·	aceite
·	sal y pimienta, al gusto

- 🌢 Freír la harina en tres cucharadas de aceite; antes de que dore, agregar jitomate, chícharos, sal y pimienta; dejar hervir hasta que se espese.
- 🌢 Batir los huevos con crema, sal, pimienta y cebolla. Freírlos en forma de tortilla y rellenar con queso rallado.
- 🌢 Colocar en un platón y servir con los chícharos.
- 🌢 Rinde 6 raciones.

Receta de Irma Flores

Papas rellenas

6	papas grandes cocidas
50 g	queso rallado
30 g	mantequilla
2	yemas de huevo cocidas
1	yema de huevo cruda
·	sal, al gusto

❧ Ahuecar las papas por uno de sus extremos; picar finamente la pulpa que se sacó y mezclarla con queso, yemas de huevo, mantequilla y sal.

❧ Llenar nuevamente el hueco de la papa con esta preparación; colocar las papas en un recipiente engrasado y barnizarlas con la yema de huevo cruda. Hornearlas.

❧ Rinde 6 raciones.

Receta de Ena Gómez G.

Calabacitas con huevo

12	calabacitas redondas cocidas
1/2 k	jitomate molido con ajo y cebolla y frito
6	huevos
6	rebanadas de queso fresco
3	chiles poblanos asados y en rajas

❧ Ahuecar las calabacitas sin romper la cáscara; cortarles una rebanada de la parte superior.

❧ Rellenarlas con los huevos revueltos y fritos.

❧ Colocarlas en un recipiente refractario extendido; cubrir con salsa de jitomate, rajas de chile poblano y rebanadas de queso.

❧ Meter al horno a que el queso gratine.

❧ Rinde 6 raciones.

Receta de Enrique Rivera

Torta de coliflor

100 g	queso rallado
50 g	mantequilla
5	huevos
1	coliflor cocida con sal

❧ Batir los huevos. Revolver la mitad de los huevos batidos con la coliflor picada y el queso rallado.

❧ Verter en un recipiente cubierto de mantequilla; cubrir con el resto del huevo y trocitos de mantequilla. Hornear.

❧ Rinde 6 raciones.

Receta de Ana María Tena

Calabacitas con papas

6	calabacitas cocidas y picadas
6	cebollitas cocidas y rebanadas
6	chiles anchos
6	papas cocidas y picadas
2	cucharadas de vinagre
1	cucharadita de orégano
1	trozo de pan tostado
·	cominos
·	manteca
·	sal, al gusto

❧ Remojar y moler los chiles con el pan tostado y los cominos.

❧ Freír en manteca, añadir sal, vinagre y el agua donde se coció la verdura; incorporar las papas, calabacitas, cebollitas y orégano.

❧ Dejar hervir unos minutos.

❧ Servir caliente.

❧ Rinde 8 raciones.

Receta de Raúl Islas

Pescados, Aves y Carnes

PESCADOS, AVES Y CARNES

Tierra adentro, poca oportunidad ha tenido Tlaxcala para desarrollar sus artes culinarias en mariscos y pescados. Por ello, la sección de recetas a base de productos del mar se ha sumado a la de aves y carnes. Se trata, en este caso, de recetas conocidas nacional y aun internacionalmente, pero integradas y matizadas a nivel local. Y deleitosos resultan, de cualquier manera, el huachinango en salsa de mostaza, el salmón con papas y el pescado frito. Más a tono con una cocina autóctona se presenta un filete de pescado envuelto en hojas de maíz, a la usanza prehispánica.

Entre las aves, sucede algo semejante. Se incluyen desde la fórmula para preparar unas palomas al vino, hasta la de una suculenta cacerola de pollos o una receta de pollos a la tártara, lo que aquí no quiere decir crudo, sino al pastor, en su jugo. Más singulares resultan los "pollos violentos" que llevan una capa de huevos batidos con perejil, vinagre y pimienta.

Se incluyen dos recetas de útiles croquetas, de carne y pollo, que sirven de transición para la sección de carnes rojas, la cual propiamente abre con un escabeche de lengua que resulta apetitoso y original a la vez. Se percibe, así, el aroma de las hierbas de olor. Perfume que hace pensar en eriales pedregosos o en extensos potreros por donde camina el ganado bravo.

La receta de mondongo emplea, en este caso, pimiento morrón, aceitunas y alcaparras, con fuerte reminiscencia española. Original y notoriamente tlaxcalteca es la barbacoa en mixiote, técnica antigua de cocción a base de hojas de maguey y, en esta ocasión, de aguacate, para aromatizar.

La raza porcina está bien representada. Hay recetas que, una vez más, van de lo internacional, "a la naranja", a lo local, costillas de cerdo con cuitlacoche o huitlacoche. Mexicano también es el cerdo en tomate (verde) con chiles y cilantro y los dos moles que se ofrecen. El primero, un mole de epazote con chile guajillo y chile chipotle, y el que cierra el apartado: un "mole prieto estilo Tlaxcala" con chile chipotle, chile pasilla, canela, clavo y pimienta, y que únicamente se prepara con carne de cerdo.

El que se duerme no cena y el que cena, se desvela

Huachinango en salsa de mostaza

1	huachinango de regular tamaño
1	litro de agua
1/4	taza de aceite
1/4	taza de vinagre
2	cucharadas de mostaza en polvo
6	pimientas gordas
6	rabos de cebolla
3	yemas de huevo
1	diente de ajo machacado
·	hierbas de olor
·	sal, pimienta y nuez moscada

❦ Hervir hierbas de olor, rabos de cebolla, pimientas y sal; incorporar el pescado.

❦ Ya cocido, quitarle la piel con cuidado; colocarlo en un platón y cubrirlo con yemas de huevo batidas con ajo; agregar vinagre, aceite y mostaza.

❦ Sazonar con sal, pimienta y nuez moscada.

❦ Rinde 6 raciones.

Receta de Ana María Tena

Salmón con papas

1/2 k	papas peladas y cocidas
1	taza de leche
1/2	taza de vinagre
3	yemas de huevo
2	cucharadas de harina
1	lata de salmón limpio
·	sal y pimienta, al gusto

❦ Hervir la leche con la harina; diluir las yemas de huevo en vinagre e incorporarlas a la leche; sazonar con sal y pimienta.

❦ Colocar las papas rebanadas en un platón; sobre éstas, acomodar el salmón. Bañar con la salsa caliente.

❦ Rinde 6 raciones.

Receta de Regina de Saunders

Filete de pescado en hoja de maíz

6	filetes de pescado
350 g	queso fresco
150 g	manteca de cerdo
12	hojas de maíz
6	chiles guajillo rebanados
6	ramas de epazote
3	cucharadas de consomé en polvo
1	limón
·	sal y pimienta blanca, al gusto

❦ Lavar los filetes y condimentarlos con sal y pimienta molida.

❦ Remojar las hojas de maíz; escurrir y untar el interior con manteca.

❦ Espolvorear cada hoja con consomé; colocar un filete de pescado, una rebanada de queso, una rama de epazote, un chile guajillo cortado en rebanadas y cubrir con otra hoja de maíz.

❦ Envolver en forma de tamal y amarrar con un hilo delgado. Colocar los filetes en un platón refractario y meterlos al horno durante quince minutos.

❦ Rinde 6 raciones.

Receta de Araceli Jofre

Pescado frito

6	filetes de pescado
1/4	taza de vinagre
3	dientes de ajo picados
1	cebolla picada
1/2	pan blanco frito
·	aceite
·	pimienta y sal, al gusto

❦ Freír en aceite ajo y cebolla.
❦ Agregar el pan remojado en vinagre, luego los filetes de pescado y dejar cocer a fuego suave.
❦ Retirar del fuego y sazonar con sal y pimienta.
❦ Rinde 6 raciones.

Receta de Ignacio Espinosa S.

Palomas al vino

6	palomas cocidas
300 g	jitomate
50 g	mantequilla
3	cucharadas de harina
1	cucharada de mostaza
20	alcaparras
2	dientes de ajo
2	hojas de laurel
1	cebolla
1	pimiento
1/2	vaso de vino blanco o tinto

❦ Freír en mantequilla el jitomate molido con cebolla, pimiento, ajo y laurel; agregar un poco del caldo en que se cocieron las palomas.
❦ Espesar esta salsa con harina; incorporar las palomas, el vino y la mostaza. Dejar cocer a fuego lento.
❦ Servir con alcaparras y perejil picado.
❦ Rinde 6 raciones.

Receta de Martha Alfonso

Gallina en consomé

1	gallina limpia
1/2	taza de jerez seco
4	cucharadas de perejil picado
1	cucharada de azúcar
4	dientes de ajo
3	jitomates
·	aceite
·	aceitunas, pasas y alcaparras
·	cominos, pimienta y clavo
·	sal, al gusto

❦ Rellenar la gallina con los jitomates enteros y el perejil mezclado con ajo y especias. Cocer en agua con sal.
❦ Cuando se haya cocido la gallina, retirarle el relleno y molerlo con el vino y una taza de caldo.
❦ Freír la salsa y agregar la gallina en raciones, azúcar, aceitunas, pasas y alcaparras; darle un hervor y servir.
❦ Rinde 6 raciones.

Receta de Jovita E. de Ascencio

Cacerola de pollos

2	pollos en raciones
125 g	mantequilla
4	cebollas enteras
4	clavos
4	cucharadas de harina
4	rabos de cebolla
3	dientes de ajo
3	pimientas gordas
2	yemas
1/2	vaso de vino blanco
·	perejil, tomillo y nuez moscada
·	puntas de espárragos

♥ Cocer los pollos con ajo, rabos de cebolla, pimientas, perejil, tomillo y cebollas insertadas con clavos; colar el caldo.

♥ Freír la harina en mantequilla, antes de que dore añadir caldo suficiente para formar una salsa espesa; añadir el vino, nuez moscada y los pollos; dar un hervor.

♥ Antes de servir, diluir las yemas en un poco de salsa e incorporarlas.

♥ Servir con puntas de espárragos.

♥ Rinde 10 raciones.

Receta de Guadalupe Rodríguez Martínez

Pollo a la tártara

1	pollo de tamaño regular
3	cucharadas de cebolla
3	cucharadas de mostaza
3	cucharadas de perejil
2	dientes de ajo
1/2	taza de aceite
·	mantequilla

♥ Abrir el pollo a la mitad y a lo largo, untarlo con mantequilla y asarlo a la parrilla.

♥ Servirlo inmediatamente bañado con la salsa. (Para preparar la salsa se debe mezclar la cebolla con los dientes de ajo y el perejil, todo finamente picado, mostaza y aceite.)

♥ Rinde 6 raciones.

Receta de Carlos A. Juárez Cruz

Pollos violentos

2	pollos chicos, cortados en cuartos
3	cucharadas de harina
3	cucharadas de manteca
2	cucharadas de perejil
2	huevos
1/4	taza de vinagre
·	sal y pimienta, al gusto

♥ Calentar bien la manteca, agregar una cucharada de vinagre y sal; añadir los cuartos de pollo y dorarlos.

♥ Mezclar los huevos con harina, perejil, vinagre y pimienta.

♥ Verter la preparación anterior sobre los pollos, sin dejar de revolver; dejarlos cocer a que formen una costra dorada. Servir enseguida.

♥ Rinde 10 raciones.

Julio Díaz Carcoba

Pollos amostazados

1	pollo partido en raciones
2	cebollas en rodajas
2	cucharadas de perejil picado
2	pimientos en rodajas
1	vaso de vino blanco
·	aceitunas
·	alcaparras
·	manteca
·	mostaza
·	sal y pimienta, al gusto

❦ En una cacerola colocar capas de pollo, pimientos, cebollas, perejil, aceitunas, alcaparras, sal y pimienta.

❦ Diluir la mostaza en el vino blanco y verter sobre el pollo. Agregar la manteca bien caliente.

❦ Cocer a fuego lento.

❦ Rinde 6 raciones.

Receta de Ena Gómez Graña

Croquetas de pollo

2	tazas de leche
1	taza de pollo deshebrado
1/2	taza de harina
2	cucharadas de cebolla picada
2	cucharadas de perejil picado
·	aceite
·	nuez moscada, sal y pimienta, al gusto
·	pan molido

❦ Acitronar la cebolla; agregar el pollo, perejil y harina; dejar freír.

❦ Añadir leche, pimienta, nuez moscada y sal.

❦ Preparar las croquetas, empanizarlas y freírlas.

❦ Servir con ensalada al gusto.

❦ Rinde 6 raciones.

Receta de Diana Chapa del Bosque

Croquetas de carne

3/4 k	carne molida de res y cerdo
4	cucharadas de harina
2	cucharadas de perejil picado
2	huevos
1	trozo de cebolla
·	aceite
·	sal, pimienta y pan molido

❦ Cocer la carne con sal, un trozo de cebolla y colar.

❦ Freír la harina; cuando empiece a dorar agregar un poco de caldo, sin dejar de revolver, hasta formar una pasta espesa.

❦ Retirar de la lumbre; incorporar la carne, cebolla, perejil, sal y pimienta; revolver y dejar enfriar.

❦ Tomar porciones de la pasta y formar las croquetas, pasarlas por huevo batido y pan molido; freír en aceite.

❦ Servir con ensalada de lechuga o salsa de jitomate.

❦ Rinde 6 raciones.

Receta de Josefina Carrillo

Lengua en escabeche

1	lengua de ternera
1	cabeza de ajo, limpia
1	cebolla rebanada
·	aceite
·	hierbas de olor
·	jamón
·	orégano
·	pimientas enteras
·	sal, al gusto

- ❦ Hervir la lengua para que se le desprenda el pellejo; pelarla y mecharla con jamón, ajos y pimientas.
- ❦ Freírla en aceite, agregar medio litro de vinagre y sal (si está dura, añadir un poco de agua y prensarla durante 36 horas).
- ❦ Freír el resto de los ajos en suficiente aceite; agregar la cebolla, la lengua rebanada, hierbas de olor, orégano y vinagre.
- ❦ Colocarla en una olla de barro o cristal, bien tapada, durante tres días.
- ❦ Servirla con chiles, aceitunas y cebolla rebanada.
- ❦ Rinde 6 a 8 raciones.

Receta de Araceli Jofre

Mondongo

3/4 k	pancita de res
500 g	jitomate
6	dientes de ajo
4	cebollas
1	pedazo de pan frito
1	pimiento morrón
·	aceitunas, alcaparras y perejil
·	manteca
·	chiles en vinagre
·	vinagre
·	sal, al gusto

- ❦ Lavar la pancita y cocerla con una cebolla, dos dientes de ajo, un poco de vinagre y sal.
- ❦ Moler un jitomate, tres dientes de ajo, dos cebollas, pan frito, perejil, unas cuantas alcaparras y un poco de vinagre.
- ❦ Freír en manteca y agregar la pancita cortada en pedazos chicos.
- ❦ Añadir el resto de jitomate, cebolla, ajos y perejil (picados), chiles en vinagre, aceitunas, alcaparras; dejar sazonar.
- ❦ Servir con rajas de pimiento morrón.
- ❦ Rinde 6 raciones.

Receta de Olivia Novoa

Barbacoa en mixiote

1 k	carne de carnero o de chivo, partida en pedazos
16	hojas de aguacate secas
2	chiles anchos, remojados y limpios
1	chile chipotle, remojado y limpio
1	chile mulato, remojado y sin semillas
1	diente de ajo molido
1	pedazo de cebolla molida
1/4	taza de vinagre
·	cominos
·	hojas de maguey (mixiote)
·	sal, al gusto

- ❦ Desvenar, lavar y remojar los chiles en agua caliente durante diez minutos; molerlos con vinagre, ajo molido, cebolla, cominos y sal.
- ❦ Agregar la carne a esta salsa y dejar reposar durante treinta minutos.
- ❦ Tomar una hoja de maguey bien lavada y rellenarla con carne, salsa y dos hojas de aguacate.
- ❦ Amarrar los mixiotes por la parte de arriba y colocarlos en una vaporera. Hervirlos a fuego vivo hasta que la carne esté bien cocida.
- ❦ Servir en sus mismas hojas y adornar con lechuga, rabanitos y salsa verde.
- ❦ Rinde 8 raciones.

Receta de Gloria Rivera Fabré

Asado en naranja

3/4 k	lomo de cerdo
2	jitomates picados
1 1/2	taza de jugo de naranja
1	cebolla picada
·	aceite
·	hierbas de olor, pimienta y sal, al gusto

🌱 Marinar la carne en jugo de naranja con hierbas de olor, pimienta y sal durante una hora. Freírla y dorarla.

🌱 Añadir cebolla y jitomate y freír; agregar el resto del jugo y agua suficiente para que se cueza (la salsa debe quedar espesa).

🌱 Rinde 6 raciones.

Receta de Araceli Jofre

Costillas de cerdo con huitlacoche

6	costillas de cerdo
1	litro de agua caliente
3	chiles mulatos
2	cucharadas de masa de maíz
1	cucharada de manteca
1	rama de epazote
1	taza de huitlacoches
·	sal, al gusto

🌱 Freír las costillas en manteca, agregar los chiles mulatos (asados, remojados, desvenados y molidos con una cebolla y un diente de ajo) y dejar resecar.

🌱 Agregar el litro de agua caliente y sazonar con sal.

🌱 Cuando las costillas estén cocidas, añadir los huitlacoches molidos, la masa disuelta en media taza de agua y la rama de epazote.

🌱 Dejar hervir hasta que se cuezan la masa y los huitlacoches. Servir

🌱 Rinde 6 raciones.

Receta de Lourdes González

Carne mexicana azteca

1/2 k	carne de res
1/2 k	tomate cocido
1	diente de ajo
1/4	litro de crema
·	aceite
·	cebolla y chiles verdes
·	cilantro finamente picado

🌱 Moler los tomates con cebolla, ajo y chiles asados.

🌱 Freír esta salsa y sazonar.

🌱 Agregar la carne (previamente asada y deshebrada), cilantro y crema; dejar hervir un rato y servir.

🌱 Rinde 6 raciones.

Receta de Ana María Tena

Chuletas empapeladas

6	chuletas de cerdo
6	rebanadas de jamón
·	manteca
·	pan molido
·	perejil picado
·	papel de estraza

🌱 Limpiar las chuletas y, sin aplanar, colocarles una rebanada de jamón; untarlas con manteca, pan molido y perejil.

🌱 Envolverlas en papel de estraza.

🌱 Freírlas en una sartén (el papel debe dorarse por los dos lados). Verificar que la carne quede bien cocida.

🌱 Rinde 6 raciones.

Receta de Josefina Carrillo

Cuete a la jardinera

3/4 k	cuete limpio
1/4 k	chícharos
1/4 k	nabos
1/4 k	zanahorias
50 g	mantequilla
3	cucharadas de harina
1 1/2	taza de leche
·	manteca
·	orégano, tomillo y laurel molidos
·	tiras de jamón y tocino
·	sal, pimienta y nuez moscada

❧ Mechar el filete con jamón, untarlo con manteca, sal, orégano, tomillo y laurel.

❧ Asarlo sobre las tiras de tocino; cubrirlo con agua y hervir a fuego suave hasta que se cueza.

❧ Freír harina en mantequilla; antes de que dore, agregar leche, pimienta, sal y nuez moscada.

❧ Añadir las verduras cocidas, finamente picadas, y los chícharos.

❧ Servir el cuete acompañado de la preparación anterior.

❧ Rinde 6 raciones.

Receta de Araceli Jofre

Carne exquisita

3/4 k	lomo de cerdo abierto
1/4 k	carne molida de cerdo
1/4 k	carne molida de res
50 g	jamón cortado en tiras
4	cucharadas de aceitunas picadas
3	dientes de ajo
·	aceite, cebolla y perejil picado
·	hierbas de olor en polvo
·	pimienta, clavo, vinagre y sal, al gusto

❧ Rellenar el lomo con la carne molida de res y cerdo, tiras de jamón, aceitunas, hierbas de olor, pimienta, clavo, sal y un poco de vinagre; envolver y amarrar con cáñamo.

❧ Cocer en agua que lo cubra; añadir dientes de ajo, clavos y pimientas enteras, sal y media taza de vinagre.

❧ Dejar consumir el agua; rebanar en frío.

❧ Servir con salsa preparada con partes iguales de aceite y vinagre, cebolla y perejil finamente picados.

❧ Rinde 8 raciones.

Receta de Olivia Novoa

Mole prieto estilo Tlaxcala

1 k	lonjas de puerco (grasa)
150 g	masa de maíz
6	chiles chipotle
6	chiles pasilla
6	pimientas
4	clavos
2	cucharaditas de ajonjolí tostado
1	raja de canela
·	sal, al gusto

❧ Cocer las lonjas de cerdo en agua con sal.

❧ Disolver la masa en el caldo e incorporar los chiles asados, desvenados y molidos con canela, clavos y pimientas; agregar también el ajonjolí tostado.

❧ Hervir unos minutos y añadir las lonjas cortadas en trozos; dejar en el fuego hasta que la salsa espese.

❧ Rinde 8 raciones.

Receta de Maricela González

Mole de epazote

1 k	*carne de res*
1 k	*carne de cerdo*
1 k	*carne maciza de pollo*
1/2 k	*calabacitas tiernas, cocidas en rajas*
1/2 k	*habas tiernas, limpias y cocidas*
1/2 k	*nopales cocidos, en tiritas*
1/4 k	*chile guajillo*
100 g	*chiles chipotle*
8	*elotes tiernos cocidos, en rodajas*
2	*cebollas grandes*
2	*dientes de ajo*
1	*rama de epazote*
·	*sal, al gusto*

- Cocer la carne de res y de cerdo en una olla grande.
- Aparte, cocer la carne de pollo (en ambas, poner sal y un pedazo de cebolla).
- Sazonar el chile molido con una cebolla y dos ajos en un recipiente con grasa.
- Mezclar las tres carnes cocidas, la verdura y el chile disuelto en un poco de caldo. Agregar sal y la rama de epazote.
- Rinde 18 raciones.

Receta de Ma. del Pilar Hernández Escalona

Galletas, Panes y Postres

GALLETAS, PANES Y POSTRES

Tlaxcala sabe apreciar el valor de las galletas. En tierra de escasos recursos, son importantes la sencillez y la imaginación de la cocina. Lo prueban así las dos primeras recetas de este apartado, que resultan prácticas y apetecibles. Verdaderamente atractivas, vienen enseguida las empanadas de membrillo, fruta que localmente se cultiva con éxito. El panqué de arroz y la torta de plátano parecen proceder de fuera de la entidad, aunque su confección se matiza en la buena cocina del lugar.

Los tlaxcales, gorditas de elotes duros con azúcar, canela y raspadura de naranja, son muy populares y se encuentran con frecuencia en fiestas y centros de diversión. Más familiares o caseros son el "dulce de garbanzo" y el "dulce de nuez". Mexicanísimo y delicado se presenta, a continuación, el dulce de capulín, especie de cereza nacional de delicado sabor. Una advertencia: hay que evitar el llamado capulín "tullidor" de consecuencias funestas para la salud.

Verduras y frutas en dulce se incluyen por igual en las recetas de chayotes rellenos y manzanas al horno. Cierran el apartado unas crepas de mermelada, un postre antiguo, de leche, y unos encantadores muéganos huamantlecos, preparados a base de harina y manteca de cerdo con anís, y bañados en miel –con sabor a infancia y tardes de cine– que se prepara con piloncillo y canela.

Aunque se arrabien parientes, primero mastiquen mis dientes

LA COCINA DE TLAXCALA ❦ 41

Galletas tlaxcaltecas

250 g	harina
200 g	azúcar
150 g	mantequilla
1/2	cucharada de ralladura de limón
1	cucharadita de vainilla
1/2	cucharadita de polvo para hornear
1/4	taza de azúcar glass
3	yemas
2	huevos
1	clara de huevo

❦ Cernir harina y azúcar con el polvo para hornear.

❦ Agregar mantequilla, huevos, yemas y vainilla; mezclar hasta formar una pasta suave.

❦ Extender la pasta hasta que quede de medio centímetro de grosor y cortar las galletas.

❦ Colocarlas en moldes engrasados, añadir el glaseado por encima y hornear durante veinte minutos (190°C).

❦ Para preparar el glaseado hay que batir clara de huevo a punto de turrón; agregar poco a poco el azúcar glass y, por último, la ralladura de limón.

❦ Rinde 6 raciones.

Receta de Julio Díaz C.

Galletas de fécula de maíz

450 g	fécula de maíz
200 g	azúcar
200 g	mantequilla
4	yemas
1	cucharadita de polvo para hornear
1/2	litro de leche

❦ Batir la mantequilla hasta acremar; agregar, sin dejar de batir, el azúcar y las yemas, una por una.

❦ Mezclar la fécula de maíz cernida con el polvo para hornear; si es necesario, añadir leche para obtener una pasta más manejable.

❦ Formar bolitas y hornear a fuego regular.

❦ Rinde 6 raciones.

Receta de Héctor Álvarez V.

Torta de plátano

6	plátanos machos cocidos
100 g	azúcar
100 g	mantequilla
100 g	pasitas
100 g	queso rallado
5	huevos
4	cucharadas de crema ácida
2	cucharaditas de polvo para hornear
1	cucharadita de sal

❦ Moler los plátanos y mezclarlos con el resto de los ingredientes.

❦ Verter la pasta en un recipiente engrasado y hornear a fuego regular.

❦ Rinde 8 raciones.

Receta de Carlos Juárez Cruz

Empanadas de membrillo

250 g	harina
150 g	pasta de membrillo
100 g	azúcar
50 g	mantequilla
02	cucharaditas de polvo para hornear
1	huevo
·	aceite

💗 Mezclar harina, polvo para hornear y azúcar; revolver con el huevo, mantequilla y tres cucharadas de agua.

💗 Extender círculos de masa para formar las empanadas; rellenarlas con la pasta de membrillo.

💗 Freír en aceite y escurrir; espolvorear azúcar.

💗 Rinde 6 raciones.

Receta de Mariana Balanzario G.

Panqué de arroz

12	huevos
500 g	harina de arroz
500 g	mantequilla
350 g	azúcar

💗 Batir las claras a punto de turrón.

💗 Agregar las yemas una por una, alternando con cucharadas de azúcar.

💗 Añadir poco a poco la harina cernida y la mantequilla fundida.

💗 Verter en un molde engrasado y hornear a temperatura media.

💗 Rinde 10 raciones.

Receta de Martha Alfonso Luna

Tlaxcales

3	elotes duros
3	cucharadas de azúcar
1/2	cucharadita de canela molida
1/2	cucharadita de ralladura de naranja

💗 Desgranar los elotes; moler y mezclar con azúcar, canela y la ralladura de naranja.

💗 Preparar unas gorditas en forma de triángulo; cocer en comal de barro, a fuego suave.

💗 Rinde 6 raciones.

Receta de Enrique Rivera

Dulce de nuez

750 g	azúcar
600 g	nuez fresca
30 g	pasitas
30 g	piñones
2	litros de leche
1/8	cucharadita de bicarbonato

💗 Remojar las nueces con leche. Escurrir y secar con un lienzo; moler con la mitad del azúcar.

💗 Poner al fuego el azúcar restante con leche y bicarbonato; revolver constantemente; dejar espesar.

💗 Agregar la nuez molida y dejar en el fuego hasta ver el fondo del cazo.

💗 Retirar y batir con una cuchara de madera hasta formar una pasta; verter en un aro de hojalata para darle forma redonda.

💗 Aplanar muy bien; al enfriar, sacar del molde y adornar con piñones y pasitas en forma de flores.

💗 Rinde 6 raciones.

Receta de Ignacio Segura

Dulce de garbanzo

100 g	pasitas
1	litro de leche
1	taza de azúcar
1	taza de garbanzos
·	canela en rama

- ❦ Remojar, cocer y moler el garbanzo.
- ❦ Agregar la leche hervida con canela (o con vainilla); colar, poner al fuego y agregar el azúcar.
- ❦ Dejar hervir, revolviendo continuamente para que no se pegue, hasta ver el fondo del recipiente.
- ❦ Verter en un platón y adornar con las pasitas.
- ❦ Rinde 6 raciones.

Receta de Araceli Jofre

Dulce de capulín

1 k	capulín
750 g	azúcar
1 1/2	litros de agua
·	canela y clavo

- ❦ Hervir los capulines en agua con azúcar, canela y clavo; dejarlos a fuego suave y tapados.
- ❦ Cuando el almíbar esté ligero, retirar del fuego.
- ❦ Dejar enfriar y verter el dulce en un platón.
- ❦ Rinde 8 raciones.

Receta de Irma Alfonso Luna

Chayotes rellenos

6	chayotes blancos cocidos
12	soletas
2	cucharadas de azúcar
2	cucharadas de crema
1	huevo
·	canela molida
·	pan molido
·	pasas, almendras y acitrón picados

- ❦ Partir los chayotes a la mitad y extraer un poco de pulpa.
- ❦ Moler esta pulpa con soletas, huevo y azúcar; agregar pasitas, almendras y acitrón en cuadritos.
- ❦ Rellenar las mitades de los chayotes con esta mezcla, añadir por encima un poco de crema, pan molido y canela. Hornear.
- ❦ Rinde 6 raciones.

Receta de Diana Ch. de Arellano

Manzanas al horno

6	manzanas
·	azúcar
·	canela y clavo molidos

- ❦ Retirar el corazón a las manzanas.
- ❦ Rellenar con azúcar, clavo y canela.
- ❦ Colocarlas en un recipiente refractario con un poco de agua en el fondo. Hornear.
- ❦ Rinde 6 raciones.

Receta de María Luisa Arámburu

Crepas de mermelada

1	huevo
1/2	taza de harina
·	leche
·	mermelada
·	azúcar para espolvorear

❦ Batir la clara a punto de turrón; agregar la yema, harina y leche (la necesaria para formar un atole de consistencia tersa). Dejar reposar una hora.

❦ Preparar las crepas en una sartén engrasada; rellenarlas con mermelada y enrollarlas. Espolvorear azúcar.

❦ Rinde 6 raciones.

Receta de Ena Gómez Graña

Postre antiguo

1	litro de leche
200 g	azúcar
3	cucharadas de fécula de maíz
1	yema
·	cáscara de limón o vainilla

❦ Hervir la leche con azúcar; añadir la fécula de maíz disuelta en agua fría. Revolver continuamente hasta que se cueza.

❦ Retirar del fuego y agregar la yema de huevo, vainilla o cáscara de limón; volver al fuego durante dos minutos más.

❦ Rinde 6 raciones.

Receta de Diana Ch. de Carrillo

Muéganos huamantlecos

1 1/2 k	harina
700 g	manteca de cerdo
45 g	anís molido
1/4	litro de agua
2	cucharaditas de sal

Miel

3/4 k	piloncillo
50 g	canela molida
1/2	taza de agua

❦ Hacer un círculo de harina sobre la mesa.

❦ Agregar agua, manteca, anís y sal.

❦ Amasar hasta que quede suave.

❦ Fabricar unos cilindros de diez centímetros de largo y del grosor de un dedo; colocarlos en charolas para horno.

❦ Hornear a una temperatura de 250°C, aproximadamente durante treinta minutos.

❦ Rinde 10 raciones.

Miel

❦ Hervir a fuego lento el agua con piloncillo y canela.

❦ Introducir en esta miel cada cilindro horneado.

❦ Colocarlos sobre obleas y espolvorear canela.

Receta de Aurelio Martínez

De Cocina y Algo Más

DE COCINA Y ALGO MÁS

FESTIVIDADES

LUGAR Y FECHA	CELEBRACIÓN	PLATILLOS REGIONALES
TLAXCALA (Capital del Estado) *Tercer lunes de mayo*	**Virgen de Ocotlán** Patrona de Tlaxcala. Los fieles la llevan a visitar otros templos, acompañada de ofrendas florales, antorchas y velas. Después la regresan a su santuario.	⌁ Barbacoa en mixiote, pollo en pulque, tamales de maíz verde, chalupas, quesadillas de hongos y de flor de calabaza, mole de epazote, tacos de toritos, puerco borracho, carnitas y chicharrón, chile con natas, hongos xoletes (guisados con papas y chícharos), tlacoyos rellenos de habas o frijol. ⌁ Pan de piloncillo, labrado y de huevo con pulque, alegrías, palanquetas, dulces de leche y de nuez, cacahuates garapiñados, pepitorias, conserva de capulines. ⌁ Atoles, aguas frescas, aguamiel, mezcal y pulques (curados o naturales).
CALPULALPAN *Junio 13*	**San Antonio de Padua** Se ejecutan danzas; entre ellas, destaca la de Moros y Cristianos. Organizan un tianguis donde los indígenas de la Sierra de Puebla exhiben y venden sus artesanías.	⌁ Tamales de pollo y de carne de res, mole de epazote, puerco borracho, garnachas, chalupas, tlacoyos rellenos, huaxmole (carne de puerco, chipotle, jitomate, epazote y semilla de guaje), cuitlacoche frito, huilotas en pipián, barbacoa en mixiotes, pollo en pulque, tortillas de comal. ⌁ Jericallas, palanquetas, alegrías, dulces de garbanzo y de nuez, peras asadas, manzanas rellenas, pan de huevo y pulque, labrado y de piloncillo. ⌁ Aguas frescas de limón, jamaica, naranja; mezcal, pulques, aguamiel y atoles.
HUAMANTLA *Agosto 15*	**Asunción de la Virgen María** En esta ciudad se ha preservado una tradición que data de la época prehispánica: la elaboración de tapetes y mosaicos de temas religiosos e históricos, hechos a base de flores y aserrín multicolores, que se colocan frente a los atrios de las iglesias. También sueltan toros de lidia y se organiza una feria de flores.	⌁ Sopa de malvas, puerco borracho, escamoles (hueva de hormiga), carnitas y chicharrón, pollo en pulque o en pipián, tamales de maíz verde, hongos guisados en diferentes estilos, tlacoyos rellenos, barbacoa en mixiote, filete de pescado en hoja de maíz, huilotas en nogada (influencia poblana), mole verde de pata de res y lomo de cerdo; quesadillas de cuitlacoche, flor de calabaza y malvas; tortillas de comal. ⌁ Alegrías, palanquetas, merengues, gelatinas, frutas cristalizadas o cubiertas, palomitas de maíz; dulces de leche, de pepita, de nuez y de garbanzo; maltesa (naranjas, dátiles, vino dulce y pétalos de rosa acaramelados), muéganos huamantlecos, pan labrado, de huevo y pulque, de piloncillo. ⌁ Atoles, aguas frescas, aguamiel, mezcal; pulques de melón, alfalfa, tuna y apio.
SAN MIGUEL DEL MILAGRO *Septiembre 29*	**San Miguel Arcángel** Se congregan peregrinos y vendedores de objetos religiosos; se establece un mercado en el camino de ascenso al santuario, donde se venden frutas y alimentos.	⌁ Chileatole (guiso con elotes desgranados y carne de pollo y cerdo), barbacoa en mixiote, chile con natas, huaxmole, carnitas y chicharrón, tacos de toritos, tamales de carne de cerdo y pollo, huilotas en su jugo, chalupas, quesadillas, tlacoyos rellenos de frijol y habas, costillada de res en mole negro de cuitlacoche.

~ Jericalla, merengues, palanquetas, pepitorias, alegrías, manzanas rellenas, peras asadas, dulces de nuez, garbanzo y leche, pan de piloncillo, labrado y de huevo con pulque.
~ Atoles, pulques de limón, almendra y membrillo; mezcal y aguamiel.

SANTA ANA CHIAUTEMPAN
Julio 26

Santa Ana
Se organiza en su honor una fiesta que concluye el 7 de agosto. Acuden peregrinos para rendirle homenaje y ejecutan danzas en el atrio de la iglesia. Durante las celebraciones se exhiben prendas de lana elaboradas en esta región.

~ Mole verde con carne de res, tamales de maíz verde, huilotas en pipián, pollo en pulque, mole de epazote, puerco borracho, cuitlacoche frito, barbacoa en mixiote, escamoles, chiles con nata, garnachas, chalupas, tlacoyos, carnitas y chicharrón, hongos xoletes, costillada de res en mole negro de cuiclacoche, tortillas de comal.
~ Pan labrado, de huevo con pulque y de piloncillo, alegrías, merengues, palanquetas, dulce de nuez, jericalla, cacahuates y nueces garapiñados.
~ Pulques de tuna, alfalfa y apio; mezcal, aguamiel y aguas frescas.

TEPEYANCO
Primer domingo de Cuaresma

Carnaval
Se ejecutan diversas danzas, entre las que destaca la de la Culebra. En los patios de las casas se organizan bailes de máscaras con atuendos de los siglos XVIII y XIX. Los festejos concluyen el Martes de Carnaval, con una ceremonia en la que toman parte Los Paragüeros, quienes, de acuerdo con una tradición prehispánica, dan latigazos a una serie de gallos que deben ser sacrificados.

~ Filete de pescado en hoja de maíz, carpa ahumada, mojarra al mojo de ajo, empanadas de pescado, nopalitos navegantes, romeritos en revoltijo, habas verdes en escabeche, papas con calabacitas; tlacoyos rellenos de garbanzo, habas o frijol; quesadillas de flor de calabaza y cuitlacoche; hongos guisados en diferentes estilos.
~ Conservas de calabaza y capulín; alegrías, palanquetas, jericalla, manzanas rellenas, cajeta de durazno; dulces de garbanzo, de nuez y de leche, pan labrado, de huevo y pulque, marranitos de piloncillo.
~ Café con canela endulzado con piloncillo, aguas frescas y atoles.

NUTRIMENTOS Y CALORÍAS

REQUERIMIENTOS DIARIOS DE NUTRIMENTOS (NIÑOS Y JÓVENES)

Nutrimento	Menor de 1 año	1-3 años	3-6 años	6-9 años	9-12 años	12-15 años	15-18 años
Proteínas	2.5 g/k	35 g	55 g	65 g	75 g	75 g	85 g
Grasas	3-4 g/k	34 g	53 g	68 g	80 g	95 g	100 g
Carbohidratos	12-14 g/k	125 g	175 g	225 g	350 g	350 g	450 g
Agua	125-150 ml/k	125 ml/k	125 ml/k	100 ml/k	2-3 litros	2-3 litros	2-3 litros
Calcio	800 mg	1 g	1 g	1 g	1 g	1 g	1 g
Hierro	10-15 mg	15 mg	10 mg	12 mg	15 mg	15 mg	12 mg
Fósforo	1.5 g	1.0 g	1.0 g	1.0 g	1.0 g	1.0 g	0.75 g
Yodo	0.002 mg/k	0.002 mg/k	0.002 mg/k	0.002 mg/k	0.02 mg/k	0.1 mg	0.1 mg
Vitamina A	1500 UI	2000 UI	2500 UI	3500 UI	4500 UI	5000 UI	6000 UI
Vitamina B-1	0.4 mg	0.6 mg	0-8 mg	1.0 mg	1.5 mg	1.5 mg	1.5 mg
Vitamina B-2	0.6 mg	0.9 mg	1.4 mg	1.5 mg	1.8 mg	1.8 mg	1.8 mg
Vitamina C	30 mg	40 mg	50 mg	60 mg	70 mg	80 mg	75 mg
Vitamina D	480 UI	400 UI	400 UI	400 UI	400 UI	400 UI	400 UI

REQUERIMIENTOS DIARIOS DE NUTRIMENTOS (ADULTOS)

Proteínas	1	g/k
Grasas	100	g
Carbohidratos	500	g
Agua	2	litros
Calcio	1	g
Hierro	12	mg
Fósforo	0.75	mg
Yodo	0.1	mg
Vitamina A	6000	UI
Vitamina B-1	1.5	mg
Vitamina B-2	1.8	mg
Vitamina C	75	mg
Vitamina D	400	UI

REQUERIMIENTOS DIARIOS DE CALORÍAS (NIÑOS Y ADULTOS)

		Calorías diarias
Niños	12-14 años	2800 a 3000
	10-12 años	2300 a 2800
	8-10 años	2000 a 2300
	6-8 años	1700 a 2000
	3-6 años	1400 a 1700
	2-3 años	1100 a 1400
	1-2 años	900 a 1100
Adolescentes	Mujer de 14-18 años	2800 a 3000
	Hombres de 14-18 años	3000 a 3400
Mujeres	Trabajo activo	2800 a 3000
	Trabajo doméstico	2600 a 3000
Hombres	Trabajo pesado	3500 a 4500
	Trabajo moderado	3000 a 3500
	Trabajo liviano	2600 a 3000

EQUIVALENCIAS

EQUIVALENCIAS EN MEDIDAS

1	taza de azúcar granulada	250	g
1	taza de azúcar pulverizada	170	g
1	taza de manteca o mantequilla	180	g
1	taza de harina o maizena	120	g
1	taza de pasas o dátiles	150	g
1	taza de nueces	115	g
1	taza de claras	9	claras
1	taza de yemas	14	yemas
1	taza	240	ml

EQUIVALENCIAS EN CUCHARADAS SOPERAS

4	cucharadas de mantequilla sólida	56	g
2	cucharadas de azúcar granulada	25	g
4	cucharadas de harina	30	g
4	cucharadas de café molido	28	g
10	cucharadas de azúcar granulada	125	g
8	cucharadas de azúcar pulverizada	85	g

EQUIVALENCIAS EN MEDIDAS ANTIGUAS

1	cuartillo	2	tazas
1	doble	2	litros
1	onza	28	g
1	libra americana	454	g
1	libra española	460	g
1	pilón	cantidad que se toma con cuatro dedos	

TEMPERATURA DE HORNO
EN GRADOS CENTÍGRADOS

Tipo de calor	Grados	Cocimiento
Muy suave	110°	merengues
Suave	170°	pasteles grandes
Moderado	210°	soufflé, galletas
Fuerte	230°-250°	tartaletas, pastelitos
Muy fuerte	250°-300°	hojaldre

TEMPERATURA DE HORNO
EN GRADOS FAHRENHEIT

Suave	350°
Moderado	400°
Fuerte	475°
Muy fuerte	550°

GLOSARIO

Ayote. Especie de calabaza grande, comestible.

Capulín. Árbol de la familia de las rosáceas, propio de tierras templadas y altas, y fruto de dicho árbol. El fruto es semejante a la cereza, pero de color más oscuro. Existen variedades diversas. Tlaxcala es buen productor.

Escamoles. Hormigas de color oscuro y hueva de estos himenópteros. Se come la hueva, y precisamente las larvas y las pupas que presentan un color blanco cremoso y son parecidas al arroz inflado, cuando están frescas.

Huaxmole. Guisado de espinazo de cerdo, al parecer, originario de la región de Tepeaca.

Huexote. Flor del quiote del maguey. Se come con huevo o en mixiote.

Mixiote. Piel o epidermis de la penca del maguey. Se utiliza para preparar barbacoa.

Nopalachitles. Nopales duros o maduros y babosos.

Quiote. Flor que sale del corazón del maguey, cuando no se le extrae el aguamiel.

Tequesquite. Sustancia pétrea abundante en la Meseta Central: son sales minerales que producen las tierras alcalinas al combinarse con el agua. Sirve como abrasivo. Asentada, el agua de tequesquite se utiliza en algunos guisos, como bicarbonato. También *tequezquite, tequixquitl.*

Tlatlapas. Preparado de frijol o haba molida, que primero se tuestan y luego se muelen. Se consume, por lo general, en caldo o sopa.

Tlaxcales. Pan de maíz, tortilla. En Tlaxcala se llama así a las tortillas dulces de elote duro. Tlaxcales son las famosas "gorditas" de la Villa de Guadalupe.

Toritos. Insectos de color negro que se crían en las espinas de la planta del huizcolote.

Totomoztle. Hojas que envuelven las mazorcas de maíz maduro. Secas se usan para proteger y transportar alimentos; se emplean para envolver y cocer tamales. También *totomostle, totomoxtle; joloche* en Yucatán.

Xolotes (hongos). Hongos locales, con sombrero, pequeños y de color amarillo.

Zivicos. Semillas redondas que vienen en vainas. Se consumen crudas y se aprovechan en algunos guisos. Crecen entre las plantas del huizcolote.

Esta obra fue impresa en el mes de febrero de 2001
en los talleres de Litográfica Ingramex, S.A. de C.V.,
que se localizan en la calle de Centeno 162,
colonia Granjas Esmeralda, en la ciudad de México, D.F.
La encuadernación de los ejemplares se hizo
en los talleres de Dinámica de Acabado Editorial, S.A. de C.V.,
que se localizan en la calle de Centeno 4-B,
colonia Granjas Esmeralda, en la ciudad de México, D.F.

8590